# Lo ú

# Libro de cocina saludable
# para la olla instantánea

Recetas de olla instantánea de sabores auténticos
para su olla a presión eléctrica,
Recetas fáciles y rápidas para la alimentación
diaria y disfruta de tu vida!

## Brenda Cole
## Isabel González

# Índice de contenidos

---

veraz y exacta de los hechos y, como tal, cualquier desatención, uso o mal uso de la información en cuestión por parte del lector hará que cualquier acción resultante sea de su exclusiva responsabilidad. No existe ningún supuesto en el que el editor o el autor original de esta obra puedan ser considerados de alguna manera responsables de los perjuicios o daños que puedan sufrir después de emprender la información aquí descrita. Además, la información contenida en las siguientes páginas está destinada únicamente a fines informativos y, por lo tanto, debe considerarse universal. Como corresponde a su naturaleza, se presenta sin asegurar su validez prolongada o su calidad provisional. Las marcas comerciales que se mencionan se hacen sin el consentimiento por escrito y no pueden considerarse en modo alguno como un respaldo del titular de la marca.

# Introducción

La olla instantánea es una olla a presión, también saltea, guisa y cocina arroz, cocina verduras y pollo. Es un aparato "todo en uno", por lo que puede sazonar el pollo y cocinarlo en la misma olla, por ejemplo. En la mayoría de los casos, las comidas de la olla instantánea pueden servirse en menos de una hora.

La cocción en menos tiempo se debe a la función de cocción a presión que captura el vapor generado por el entorno de cocción de los líquidos (incluidos los líquidos liberados por la carne y las verduras), aumenta la presión y empuja el vapor hacia atrás.

Pero no se confunda con las ollas a presión tradicionales. La olla instantánea, a diferencia de la olla a presión que usaban los abuelos, elimina el riesgo de seguridad con una tapa que se bloquea y permanece cerrada hasta que se libera la presión.

Aunque el tiempo de cocción en la olla instantánea haya terminado, es necesario realizar un paso adicional: liberar la presión.

Hay dos maneras de aliviar la presión. Debido a la liberación natural de la presión, la válvula de la tapa permanece en la posición de sellado y la presión se disipará naturalmente con el tiempo. Este proceso tarda entre 20 minutos y más de una hora, dependiendo de lo que se cocine. Los alimentos de baja fluidez (como las alitas de pollo) tardan menos que los de alta fluidez, como las sopas y los adobos.

Otra opción es la liberación manual de la presión (también llamada liberación rápida). En este caso hay que mover con cuidado la válvula a la posición de ventilación y ver que el vapor sube lentamente y se libera la presión. Esta forma de proceder es mucho más rápida, pero los alimentos con alto contenido líquido, como las sopas, tardan unos 15 minutos en liberar la presión manualmente.

¿Qué opción debo utilizar? Tenga en cuenta que aunque se libere la presión natural, la olla instantánea sigue bajo presión. Esto significa que los alimentos seguirán cocinándose mientras la olla instantánea esté en modo sellado. La liberación manual de la presión es útil cuando los platos están bien cocinados y es necesario detenerlos lo antes posible.

Si el objetivo es preparar las comidas con rapidez, ajuste el tiempo de cocción de los platos que se cocinan en una olla instantánea y libere la presión manualmente una vez transcurrido el tiempo.

Las ollas instantáneas (llamadas "Instapot" por muchos) son uno de nuestros utensilios de cocina favoritos porque pueden manejar una gran variedad de alimentos casi con facilidad. Las ollas instantáneas van desde las que funcionan con lo básico de la cocina a presión hasta las que se pueden esterilizar mediante el vídeo Suicida o algunos modelos se pueden controlar mediante Wi-Fi.

Además, si quieres ampliar la gama de utensilios de cocina, la marca Instant Pot ha sacado una freidora de aire que se puede utilizar para hacer pollo asado y cecina casera. También hay un dispositivo acumulador independiente que se puede utilizar en las ollas instantáneas para hacer pescado, filetes y más.

El icono actual olla instantánea funciona como una olla a presión y utiliza el calor y el vapor para cocinar rápidamente los alimentos. Se cocinó todo, desde las carnitas perfectas hasta los huevos cocidos, pero no todos los ingredientes y las instrucciones funcionan. Aquí hay algunos alimentos que no deben ser cocinados en las clásicas ollas instantáneas.

Las ollas instantáneas no son freidoras a presión y no están diseñadas para manejar las altas temperaturas requeridas para calentar aceites de cocina como el pollo frito crujiente. Por supuesto, la olla instantánea es estupenda para platos como las Carnitas, pero después de sacar la carne de la olla instantánea, para conseguir el crujiente final en la carne, pásala a una sartén durante unos minutos o a una tapa de horno y crujiente en el horno.

Al igual que con las ollas de cocción lenta, los productos lácteos como el queso, la leche y la crema agria se envasarán en las ollas instantáneas utilizando los ajustes de cocción a presión o de cocción lenta. No añada estos ingredientes después de que el plato esté cocinado o cree una receta en Instapot.

Hay dos excepciones. Una es cuando se hace yogur. Esto sólo es posible si se utiliza una receta de olla instantánea. La otra es sólo cuando se hace tarta de queso y se sigue una receta de olla instantánea.

Aunque técnicamente se puede cocinar la pasta en una olla instantánea, pueden aparecer gomitas y la cocción puede ser desigual. Para ser honesto, a menos que tenga una opción, cocinar la pasta en una olla de la estufa es igual de rápido y fácil y consistentemente le da una mejor pasta cocida.

En lugar de hornear el pastel en una olla instantánea, cocínelo al vapor. El bizcocho está húmedo -funciona para cosas como el budín de pan- pero no hay una buena piel en el bizcocho o en el borde crujiente que todos combaten con un brownie horneado. Sin embargo, digamos que tu deseo es hacer un primer plano o un postre sencillo con tu familia; puedes conseguir un bizcocho húmedo en unos 30 minutos, excepto durante el tiempo de las instrucciones.

La conserva, una técnica para cocinar y sellar los alimentos en un frasco, suele hacerse en una olla a presión. Por lo tanto, se recomienda crear un lote de mermelada, encurtidos o jalea en Instapot. Por favor, no lo haga.

Con una olla instantánea, no se puede controlar la temperatura de lo que se enlata, como en una olla a presión normal. En el enlatado, es importante cocinar y sellar los platos correctamente. Una cocción y un sellado incorrectos pueden provocar la proliferación de bacterias que pueden causar intoxicaciones alimentarias.

Si quiere evitar el enlatado en una olla instantánea, algunos modelos más nuevos, como Duo Plus, tienen un ajuste de esterilización que puede limpiar artículos de cocina como biberones, botellas y utensilios de cocina.

# Consejos de seguridad para la olla a presión Instant Pot

La olla instantánea es una olla a presión muy segura que consta de varios mecanismos de seguridad. no se preocupe. No va a explotar inmediatamente. La mayoría de los accidentes son causados por errores del usuario y pueden evitarse fácilmente. Para minimizar aún más la posibilidad de un accidente, hemos recopilado una lista de consejos de seguridad.

# 1 No lo dejes solo

No se recomienda salir de casa mientras se cocina en una olla instantánea. Si tiene que dejarla sola, asegúrese de que está bajo presión y no sale vapor.

# 2 No usar KFC en la olla instantánea

No fría en una olla instantánea u otra olla a presión.

KFC utiliza una freidora a presión comercial hecha especialmente para freír pollo (la última que funciona a 5 PSI). Las ollas instantáneas (10,5-11,6 PSI) están hechas especialmente para facilitarnos la vida.

# 3 ¡Ingesta de agua!

Las ollas instantáneas requieren un mínimo de 1 1/2 taza de líquido (número oficial de Instant Pot) 1 taza de líquido para alcanzar y mantener la presión.

El líquido puede ser una combinación de salsa, vinagre, agua, pollo, etc.

# 4 medio lleno o medio vacío

La línea máxima impresa en la olla interior de la olla instantánea no es para cocinar a presión.

Para cocinar a presión: hasta 2/3 de su capacidad

Alimentos para cocinar a presión que se expanden durante la cocción (granos, frijoles, verduras secas, etc.): hasta 1/2

# 5 No es un vaporizador facial

La limpieza profunda no se realiza aunque se utilice el vapor de la olla a presión una vez.

Al abrirla, incline siempre la tapa en dirección contraria a usted. Utilice guantes de silicona impermeables y resistentes al calor, especialmente cuando realice la apertura rápida.

# 6 no usar nunca la energía

En situaciones de cero, debe tratar de forzar la apertura de la tapa de la olla a presión instantánea, a menos que quiera evitar que un sable de luz le golpee la cara.

# 7 Lavado y salida

Si quiere estar seguro, lave la tapa después de cada uso y limpie el escudo antibloqueo y la olla interior. Asegúrese de que la junta (anillo de sellado de silicona) está en buen estado y de que no hay restos de comida en el escudo antibloqueo antes de usarlo.

Por lo general, los anillos de sellado de silicona deben sustituirse cada 18-24 meses. Siempre es aconsejable guardar cosas de más.

No compre un anillo de sellado de un tercero porque es una parte integral de las características de seguridad del anillo instantáneo.

El uso de anillos de sellado que no han sido probados con los productos de la olla instantánea puede crear graves problemas de seguridad."

Antes de utilizarlo, asegúrese de que la junta de estanqueidad está bien fijada a la rejilla de la junta de estanqueidad y que el escudo antibloqueo está bien colocado en el tubo de descarga de vapor.

Una junta de estanqueidad bien ajustada puede moverse en el sentido de las agujas del reloj o en sentido contrario en la cremallera de la junta de estanqueidad con poca fuerza.

Con las ollas instantáneas, toda la familia puede cocinar comidas en menos de 30 minutos. Los platos cocinados como el arroz, el pollo, el estofado de carne, la salsa, el yakitori pueden cocinarse durante 30-60 minutos desde el principio hasta el final. Y sí, se puede hacer pan en una olla instantánea.

Los aficionados a las dietas antiguas y cetogénicas adoran las ollas instantáneas por su capacidad para ``asar" carne en tan poco tiempo, pero los vegetarianos y veganos que pueden cocinar rápidamente platos como la sopa de calabaza, las patatas al horno y los chiles marinados con patatas, también aprecian mucho la crema de avena y los macarrones con queso.

Incluso las alubias secas, que suelen requerir una cocción nocturna, pueden prepararse en 30 minutos para hacer un hummus picante.

# Pollo y pimientos al coco

**Tiempo de preparación:** 10 minutos

**Tiempo de cocción:** 24 minutos

**Porciones:** 4

**Ingredientes:**

1 taza de caldo de pollo

Una pizca de sal y pimienta negra

1 libra de pechuga de pollo, sin piel, deshuesada y cortada
en cubos

1 cucharada de coco, sin azúcar y rallado

1 cucharada de orégano picado

½ libra de pimientos mixtos, cortados en tiras

1 cucharada de cebollino picado

1 cucharada de aceite de oliva

**Direcciones:**

Pon tu olla instantánea en modo Saltear, añade el aceite, caliéntalo, añade la cebolla y el pollo y dóralo durante 2 minutos por cada lado.

Añade el resto de los ingredientes, ciérralo y cocina a máxima potencia durante 20 minutos.

Naturalmente, se libera la presión durante 10 minutos, se reparte todo entre los platos y se sirve.

**La nutrición:**

Proteínas - 33,2 g.

Calorías - 256

Grasa - 12,6 g.

Carbohidratos - 1,2 g.

# Pollo a la albahaca

**Tiempo de preparación:** 5 minutos

**Tiempo de cocción:** 24 minutos

**Porciones:** 4

**Ingredientes:**

1 libra de pechuga de pollo, sin piel, deshuesada y cortada en cubos

Una pizca de sal y pimienta negra

1 cucharada de chile en polvo

1 taza de crema de coco

2 cucharaditas de pimentón dulce

½ taza de caldo de pollo

2 cucharadas de albahaca picada

**Direcciones:**

En tu olla instantánea, combina el pollo con el resto de los ingredientes, revuelve un poco, ciérrala y cocina en Alto durante 24 minutos.

Naturalmente, se libera la presión durante 10 minutos, se reparte la mezcla entre los platos y se sirve.

**La nutrición:**

Calorías - 364

Proteínas - 35,4 g.

Grasa - 23,2 g. Carbohidratos - 5,1 g.

# Salsa de pollo y orégano

**Tiempo de preparación:** 10 minutos

**Tiempo de cocción:** 20 minutos

**Porciones:** 4

**Ingredientes:**

2 pechugas de pollo, sin piel, deshuesadas y cortadas por la mitad

1 cucharada de zumo de limón

2 cucharadas de aceite de oliva

2 cucharadas de orégano picado

1 taza de passata de tomate

1 cucharadita de jengibre rallado

**Direcciones:**

Poner la olla instantánea en modo Saltear, añadir el aceite, calentar, añadir la passata de tomate y el resto de ingredientes excepto el pollo, batir y cocinar durante 5 minutos.

Añada el pollo, cierre y cocine a fuego alto durante 15 minutos.

Naturalmente, se libera la presión durante 10 minutos, se reparte la mezcla entre los platos y se sirve.

**La nutrición:**

Calorías - 300

Proteínas - 33,9 g.

Grasa - 15,8 g.

Carbohidratos - 5,2 g.

# Pollo al curry con balsámico

**Tiempo de preparación:** 10 minutos

**Tiempo de cocción:** 20 minutos

**Porciones:** 4

**Ingredientes:**

1 libra de pechuga de pollo, sin piel, deshuesada y cortada en cubos

Una pizca de sal y pimienta negra

1 taza de caldo de pollo

1 taza de crema de coco

3 dientes de ajo picados

1 y ½ cucharada de vinagre balsámico

1 cucharada de cebollino picado

**Direcciones:**

En tu olla instantánea, combina el pollo con el resto de los ingredientes, ciérrala y cocina en Alto durante 20 minutos.

Naturalmente, se libera la presión durante 10 minutos, se reparte la mezcla entre los platos y se sirve.

**La nutrición:**

Calorías - 360

Proteínas - 34,5 g.

Grasa - 22,1 g -.Carbohidratos - 4,3 g.

# Mezcla de pollo y berenjena

**Tiempo de preparación:** 10 minutos

**Tiempo de cocción:** 20 minutos

**Porciones:** 4

**Ingredientes:**

2 pechugas de pollo, sin piel, deshuesadas y cortadas por la mitad

Una pizca de sal y pimienta negra

2 berenjenas, cortadas en cubos

2 cucharadas de aceite de oliva

1 taza de passata de tomate

1 cucharada de orégano seco

**Direcciones:**

En tu olla instantánea, combina todos los ingredientes, ciérrala y cocina en Alto durante 20 minutos.

Dejar de presionar naturalmente durante 10 minutos, repartir en los platos y servir.

**La nutrición:**

Calorías - 362

Proteínas - 36,4 g.

Grasa - 16,1 g.

Carbohidratos - 5,4 g.

# Pollo al sésamo

**Tiempo de preparación:** 10 minutos

**Tiempo de cocción:** 20 minutos

**Porciones:** 4

**Ingredientes:**

2 pechugas de pollo, sin piel, deshuesadas y cortadas en cubos

Una pizca de sal y pimienta negra

1 cucharadita de semillas de sésamo

4 dientes de ajo picados

1 taza de passata de tomate

1 cucharada de perejil picado

1 cucharada de orégano picado

**Direcciones:**

En su olla instantánea, mezcle todos los ingredientes excepto las semillas de sésamo, ciérrela y cocine en Alto durante 20 minutos.

Naturalmente, se suelta la presión durante 10 minutos, se reparte todo en los platos y se sirve con las semillas de sésamo espolvoreadas por encima.

**La nutrición:**

Calorías – 243 -Proteínas - 34,1 g. Grasa - 9 g.
Carbohidratos - 5,4 g.

# Mezcla de pavo y cebollas tiernas

**Tiempo de preparación:** 10 minutos

**Tiempo de cocción:** 25 minutos

**Porciones:** 4

**Ingredientes:**

1 pechuga de pavo, sin piel, deshuesada y cortada en cubos

2 cucharadas de aceite de aguacate

sal y pimienta negra

4 cebolletas picadas

1 taza de passata de tomate

Un puñado de cilantro picado

**Direcciones:**

Pon tu olla instantánea en modo Saltear, añade el aceite, caliéntalo, añade la carne y dórala durante 5 minutos.

Añade el resto de los ingredientes, ciérralo y cocina a máxima potencia durante 20 minutos.

De forma natural, se libera la presión durante 10 minutos entre plato y plato, se reparte la mezcla de pavo entre los platos y se sirve.

**La nutrición:**

Calorías - 222

Proteínas - 34,4 g.

Grasa - 6,7 g.

Carbohidratos - 4,8 g.

# Pollo al pimentón italiano

**Tiempo de preparación:** 10 minutos

**Tiempo de cocción:** 20 minutos

**Porciones:** 4

**Ingredientes:**

1 libra de pechugas de pollo, sin piel, deshuesadas y cortadas en cubos

Una pizca de sal y pimienta negra

1 cucharada de aceite de oliva

1 cucharada de pimentón dulce

1 cucharada de condimento italiano

2 dientes de ajo picados

1 y ½ tazas de caldo de pollo

**Direcciones:**

Pon tu olla instantánea en modo Saltear, añade el aceite, caliéntalo, añade la carne y dórala durante 5 minutos.

Añade el resto de los ingredientes, ciérralo y cocina a máxima potencia durante 15 minutos.

Dejar de presionar naturalmente durante 10 minutos, repartir en los platos y servir.

**La nutrición:**

Calorías – 264,Proteínas - 33,2 g. Grasa - 13,2 g. ,Carbohidratos - 1,9 g.

# Pavo con tomate y brotes

**Tiempo de preparación:** 10 minutos

**Tiempo de cocción:** 25 minutos

**Porciones:** 4

**Ingredientes:**

1 pechuga de pavo grande, sin piel, deshuesada y cortada en cubos

1 cucharada de aceite de aguacate

1 libra de coles de Bruselas

1 cucharadita de chile en polvo

sal y pimienta negra

1 y ½ tazas de passata de tomate

2 cucharadas de cilantro picado

**Direcciones:**

Poner la olla instantánea en modo Sauté, añadir el aceite, calentar, añadir la carne y dorarla durante 5 minutos.

Añade el resto de los ingredientes, ciérralo y cocina a máxima potencia durante 20 minutos.

Naturalmente, se libera la presión durante 10 minutos, se reparte la mezcla entre los platos y se sirve.

**La nutrición:**

Proteínas - 37,3 g. , Calorías - 249,Grasas - 6,6 g. ,Carbohidratos - 4,5 g.

# Vieiras de pollo y salvia

Tiempo de preparación: 5 minutos

Tiempo de cocción: 10 minutos

Porciones: 4

Ingredientes:

4 pechugas de pollo sin piel

2 y ½ onzas de harina de almendra

1 onza de parmesano rallado

6 hojas de salvia picadas

1 y ¾ onzas de harina de almendra

2 huevos batidos

Direcciones:

Coge el papel transparente y envuelve el pollo con el papel transparente

Batir en ½ cm de espesor con un rodillo

En cuencos separados, añada el parmesano, la salvia, la harina de almendras, la harina y los huevos batidos en los distintos cuencos

Tome el pollo y páselo por la harina, los huevos, el pan rallado y finalmente el parmesano

Precaliente su freidora a 392 grados F

Saca la cesta y rocía el pollo con aceite por ambos lados

Cocine el pollo durante 5 minutos por cada lado hasta que se dore

Sirve y disfruta.


La nutrición:

Calorías: 264

Grasa: 18g

Carbohidratos: 3g

Proteínas: 19g

# Pollo rebozado con queso fresco

Tiempo de preparación: 10 minutos

Tiempo de cocción: 10 minutos

Porciones: 4

Ingredientes:

2 piezas (6 onzas cada una) de pechuga de pollo, sin grasa y cortadas por la mitad

6 cucharadas de pan rallado sazonado

2 cucharadas de parmesano rallado

1 cucharada de mantequilla derretida

2 cucharadas de queso mozzarella bajo en grasa

½ taza de salsa marinara

Spray de cocina según sea necesario

Direcciones:

Precaliente su Air Fryer a 390 grados Fahrenheit
durante unos 9 minutos

Coge la cesta de cocción y rocíala uniformemente con
spray de cocina

Coge un bol pequeño y añade el pan rallado y el queso
parmesano

Mézclalos bien

Coge otro bol y añade la mantequilla, derrítela en el
microondas

Unte los trozos de pollo con la mantequilla y páselos
por la mezcla de pan rallado

Una vez que la freidora esté lista, coloque 2 piezas de
su pechuga de pollo preparada y rocíe la parte superior
con un poco de aceite

Cocer durante unos 6 minutos

Dales la vuelta y cubre con 1 cucharada de marinara y 1
y ½ cucharada de mozzarella rallada

Cocine durante 3 minutos más hasta que el
queso se haya derretido completamente

Reservar las pechugas cocidas y repetir con
el resto de los trozos

La nutrición:

---

Calorías: 244

Grasa: 14g

Carbohidratos: 15g

Proteínas: 12g

# Alitas de búfalo fritas con especias

Tiempo de preparación: 10 minutos

Tiempo de cocción: 30 minutos

Porciones: 4

Ingredientes:

4 libras de alitas de pollo

½ taza de salsa de cayena

½ taza de aceite de coco

1 cucharada de salsa Worcestershire

1 cucharadita de sal

Direcciones:

Coge un vaso para mezclar y añade la salsa de cayena, el aceite de coco, la salsa Worcestershire y la sal
Mézclalo bien y guárdalo a un lado
Seque el pollo y páselo a la freidora

Cocine durante 25 minutos a 380 grados F,
asegurándose de agitar la cesta una vez

Aumente la temperatura a 400 grados F y cocine
durante 5 minutos más

Retirarlas y verterlas en un bol grande para mezclar

Añadir la salsa preparada y mezclar bien

Servir con palitos de apio y disfrutar.


La nutrición:

Calorías: 244

Grasa: 20g

Carbohidratos: 6g

Proteínas: 8g

# Pollo encebollado cremoso

Tiempo de preparación: 30 minutos

Tiempo de cocción: 30 minutos

Porciones: 4


Ingredientes:

4 pechugas de pollo

1 y ½ taza de mezcla de sopa de cebolla

1 taza de sopa de champiñones

½ taza de nata

Direcciones:

Precaliente su freidora a 400 grados F.

Coge una sartén y ponla a fuego lento.

Añadir los champiñones, la mezcla de cebolla y la nata.

Calentar la mezcla durante 1 minuto.

Vierta la mezcla caliente sobre el pollo y déjela reposar durante 25 minutos.

Transfiera el pollo marinado a la cesta de cocción de la Air Fryer y cocine durante 30 minutos.

Servir con la crema restante y disfrutar.

La nutrición:

Calorías: 282

Grasa: 4g

Carbohidratos: 55g

Proteínas: 8g

# Pollo al horno con coco

Tiempo de preparación: 5 minutos

Tiempo de cocción: 12 minutos

Porciones: 6

Ingredientes:

2 huevos grandes

2 cucharaditas de ajo en polvo

1 cucharadita de sal

1/2 cucharadita de pimienta negra molida

¾ de taza de amina de coco

¾ de taza de coco rallado

1 libra de filetes de pollo

Spray de cocina

Direcciones:

Precaliente su freidora a 400 grados Fahrenheit.

Coge una bandeja de horno de tamaño grande y rocíala con spray de cocina.

Tome un plato ancho y añada el ajo en polvo, los huevos, la pimienta y la sal.

Batir bien hasta que todo esté combinado.

Añadir la harina de almendras y el coco y mezclar bien.

Coge tus pinchos de pollo y sumérgelos en el huevo y luego en la mezcla de coco.

Sacudir el exceso.

Pásalas a tu freidora y rocía las chuletas con un poco de aceite.

Cocine durante 12-14 minutos hasta que tenga una bonita textura dorada.

Que lo disfrutes.

La nutrición:

Calorías: 175

Grasa: 1g

Carbohidratos: 3g

Proteínas: 0g

# Pollo al limón y pimienta

Tiempo de preparación: 3 minutos

Tiempo de cocción: 15 minutos

Raciones: 2

Ingredientes:

1 pechuga de pollo

2 limones, exprimidos y con la corteza reservada

1 cucharada de condimento para pollo

1 cucharadita de puré de ajo

Un puñado de granos de pimienta

Sal y pimienta al gusto

Direcciones:

Precaliente su freidora a 352 grados F.

Tome una hoja de papel de plata de tamaño grande y trabaje en la parte superior, agregue todos los condimentos junto con la cáscara de limón.

Colocar la pechuga de pollo en una tabla de cortar y recortar la grasa y los pequeños huesos.

Condimentar cada lado con la pimienta y la sal.

Frote bien el condimento del pollo por ambos lados.

Colóquelo en su hoja de papel de plata y frote.

Séllalo bien.

Aplastarlo con un rodillo y aplanarlo.

Colóquelo en su freidora y cocínelo durante 15 minutos hasta que el centro esté completamente cocido.

Sirve y disfruta.

La nutrición:

Calorías: 301

Grasa: 22g

Carbohidratos: 11g

Proteínas: 23g

# Pollo a la mostaza crujiente

Tiempo de preparación: 20 minutos

Tiempo de cocción: 50 minutos

Porciones: 4

Ingredientes:

4 dientes de ajo

8 rebanadas de pollo

1 cucharada de hojas de tomillo

½ taza de vinagre de vino seco

Sal según sea necesario

½ taza de mostaza de Dijon

2 tazas de harina de almendra

2 cucharadas de mantequilla derretida

1 cucharada de ralladura de limón

2 cucharadas de aceite de oliva

Direcciones:

Precaliente su Air Fryer a 350 grados F

Coge un bol y añade el ajo, la sal, los clavos, la harina de almendra, la pimienta, el aceite de oliva, la mantequilla derretida y la ralladura de limón

Coge otro bol y mezcla la mostaza y el vino

Colocar las rodajas de pollo en la mezcla de vino y luego en la mezcla de migas

Transfiera el pollo preparado a la cesta de cocción de su Air Fryer y cocine durante 40 minutos.

Sirve y disfruta.

La nutrición:

Calorías: 762

Grasa: 24g

Carbohidratos: 3g

Proteínas: 76g

# Pollo Caprese con salsa balsámica

Tiempo de preparación: 5 minutos

Tiempo de cocción: 25 minutos

Porciones: 6

Ingredientes:

6 pechugas de pollo

6 hojas de albahaca

¼ de taza de vinagre balsámico

6 rodajas de tomate

1 cucharada de mantequilla

6 rebanadas de queso mozzarella

Direcciones:

Precaliente su freidora a 400 grados F.

Coge una sartén y ponla a fuego medio, añade la mantequilla y el vinagre balsámico y deja que se derrita.

Cubrir la carne de pollo con la marinada.

Transfiera el pollo a la cesta de cocción de su Air Fryer y cocine durante 20 minutos.

Cubrir el pollo cocido con albahaca, rodajas de tomate y queso.

Sirve y disfruta.

La nutrición:

Calorías: 740

Grasa: 54g

Carbohidratos: 4g

Proteínas: 30g

# Pollo hawaiano a la parrilla

Tiempo de preparación: 10 minutos

Tiempo de cocción: 15 minutos

Raciones: 2

Ingredientes:

4 pechugas de pollo

2 dientes de ajo

½ taza de ketchup, apto para Keto

½ cucharadita de jengibre

½ taza de amina de coco

2 cucharadas de vinagre de vino tinto

½ taza de zumo de piña

2 cucharadas de vinagre de sidra de manzana

Direcciones:

Precaliente su Air Fryer a 360 grados F.

Coge un bol y mezcla el ketchup, el zumo de piña, el vinagre de sidra y el jengibre.

Coge una sartén y ponla a fuego lento, añade la salsa y deja que se caliente.

Cubrir el pollo con el aminoácido y el vinagre, verter la salsa picante por encima.

Deje que el pollo se asiente durante 15 minutos para marinarlo.

Transfiera el pollo a su Air Fryer y hornee durante 15 minutos.

Sirve y disfruta.


La nutrición:

Calorías: 200

Grasa: 3g

Carbohidratos: 10g

Proteínas: 29g

# Pollo asado al ajo en la freidora

Tiempo de preparación: 5 minutos

Tiempo de cocción: 50 minutos

Porciones: 16

Ingredientes

4 libras de pollo entero

4 dientes de ajo picados

Sal y pimienta al gusto

Direcciones

Precalentar la freidora a 3300F durante 5 minutos

Sazona el pollo entero con ajo, sal y pimienta.

Colocar en la cesta de la freidora.

Cocinar durante 30 minutos a 3300F.

Dale la vuelta al pollo por el otro lado y cocina otros 20 minutos.

Sirve y disfruta.


La nutrición:

Calorías: 282

Grasa: 4g

Carbohidratos: 55g

Proteínas: 8g

# Pollo frito al aire

Tiempo de preparación: 5 minutos

Tiempo de cocción: 30 minutos

Sirve: 4

Ingredientes

1 huevo grande, batido

¼ de taza de leche de coco

4 muslos de pollo pequeños

½ taza de harina de almendra

1 cucharada de condimento cajún old bay

Sal y pimienta al gusto

Direcciones

Precaliente la freidora de aire a 3500F durante 5 minutos.

Mezclar el huevo y la leche de coco en un bol.

Sumergir los muslos de pollo en la mezcla de huevos batidos.

En un bol, mezcle la harina de almendras, el condimento cajún, la sal y la pimienta.

Pasar los muslos de pollo por la mezcla de harina de almendras.

Colocar en la cesta de la freidora.

Cocinar durante 30 minutos a 3500F.

Sirve y disfruta.

La nutrición:
Calorías: 301
Grasa: 22g
Carbohidratos: 11g
Proteínas: 23g

# Pollo a la pimienta con limón frito al aire

Tiempo de preparación: 10 minutos

Tiempo de cocción: 30 minutos

Porciones: 1

Ingredientes

1 pechuga de pollo

2 limones, cortados en rodajas y con la cáscara reservada

Sal y pimienta al gusto

1 cucharadita de ajo picado

Direcciones

Precaliente la freidora de aire a 4000F durante 5 minutos.

Coloque todos los ingredientes en una fuente de horno que quepa en la freidora de aire.

Colocar en la cesta de la freidora.

Cocinar durante 20 minutos a 4000F.

Sirve y disfruta.

La nutrición:

Calorías: 223

Grasa: 22g

Carbohidratos: 11g

Proteínas: 23g

# Tikkas de pollo frito al aire

Tiempo de preparación: 5 minutos

Tiempo de cocción: 50 minutos

Porciones: 4

Ingredientes

Pollo de 1 libra

1 taza de leche de coco

1 pimiento morrón, sin semillas y en juliana

1 cucharadita de cúrcuma en polvo

1 cucharadita de cilantro en polvo

2 cucharadas de aceite de oliva

1 pulgar de jengibre rallado

1 cucharadita de Garam Masala

Direcciones

Precaliente la freidora de aire a 3500F durante 5 minutos.

Coloque todos los ingredientes en una fuente de horno que quepa en la freidora de aire.

Remover para combinar.

Colocar en la freidora de aire.

Cocinar durante 50 minutos a 3500F.

Sirve y disfruta.

La nutrición:

Calorías: 200

Grasa: 3g

Carbohidratos: 10g

Proteínas: 29g

# Cordón Bleu de pollo sin harina

Tiempo de preparación: 10 minutos

Tiempo de cocción: 30 minutos

Porciones: 1

Ingredientes

1 pechuga de pollo, cortada con mantequilla

1 cucharadita de perejil

Sal y pimienta al gusto

1 rebanada de queso cheddar

1 loncha de jamón

1 huevo pequeño, batido

¼ de taza de harina de almendra

Direcciones

Precaliente la freidora de aire a 3500F durante 5 minutos.

Condimentar el pollo con perejil, sal y pimienta al gusto.

Colocar el queso y el jamón en el centro del pollo y enrollar. Asegurar con un palillo.

Empapar el pollo enrollado en huevo y pasarlo por harina de almendras.

Colocar en la freidora de aire.

Cocinar durante 30 minutos a 3500F.

La nutrición:

Calorías: 244
Grasa: 20g
Carbohidratos: 6g
Proteínas: 8g

# Tiras de pollo de KFC fritas al aire

Tiempo de preparación: 5 minutos

Tiempo de cocción: 20 minutos

Porciones: 1

Ingredientes

1 pechuga de pollo, cortada en tiras

1 huevo grande, batido

Sal y pimienta al gusto

Una pizca de tomillo

Una pizca de orégano

Una pizca de pimentón

2 cucharadas de coco seco sin azúcar

2 cucharadas de harina de almendra

Direcciones

Precalentar la freidora a 4250F durante 5 minutos

Sumergir el pollo en el huevo batido.

En un recipiente, combine el resto de los ingredientes hasta que estén bien combinados.

Pasar el pollo por los ingredientes secos.

Colocar en la cesta de la freidora.

Cocinar durante 20 minutos a 3500F.

Sirve y disfruta.


La nutrición:

Calorías: 423

Grasa: 20g

Carbohidratos: 6g

Proteínas: 8g

# Terneras de pollo fritas del sur

Tiempo de preparación: 5 minutos

Tiempo de cocción: 25 minutos

Porciones: 4

Ingredientes

4 pechugas de pollo

1 huevo grande

½ cucharadita de pimienta de cayena

½ cucharadita de cebolla en polvo

½ cucharadita de ajo en polvo

Sal y pimienta al gusto

¼ de taza de harina de almendra

Direcciones

Precaliente la freidora de aire a 3500F durante 5 minutos.

Sumergir el pollo en el huevo batido.

Sazona las pechugas de pollo con pimienta de cayena, cebolla en polvo, ajo en polvo, sal y pimienta.

Pasar por la harina de almendras.

Colocar en la freidora de aire y cocinar durante 25 minutos a 3500F.

Sirve y disfruta.

La nutrición:

Calorías: 268

Grasa: 20g

Carbohidratos: 6g

Proteínas: 8g

# Pollo sureño fácil

Tiempo de preparación: 5 minutos

Tiempo de cocción: 30 minutos

Porciones: 6

Ingredientes

3 libras de cuartos de pollo

1 cucharadita de sal

1 cucharadita de pimienta

1 cucharadita de ajo en polvo

1 cucharadita de pimentón

1 taza de harina de coco

Direcciones

Precaliente la freidora de aire a 3500F durante 5 minutos.

Combinar todos los ingredientes en un bol. Remover bien.

Coloque los ingredientes en la freidora de aire.

Cocinar durante 30 minutos a 3500F.

Sirve y disfruta.

La nutrición:

Calorías: 526

Grasa: 20g

Carbohidratos: 6g

Proteínas: 8g

# Pollo Tandoori en la freidora de aire Keto

Tiempo de preparación: 2 horas

Tiempo de cocción: 20 minutos

Porciones: 4

Ingredientes

1 libra de filetes de pollo, cortados por la mitad

½ taza de leche de coco

1 cucharada de jengibre rallado

1 cucharada de ajo picado

¼ de taza de hojas de cilantro picadas

1 cucharadita de cúrcuma

1 cucharadita de Garam Masala

1 cucharadita de pimentón ahumado

Sal y pimienta al gusto

Direcciones

Poner todos los ingredientes en un bol y remover para cubrir el pollo con todos los ingredientes.

Dejar marinar en la nevera durante 2 horas.

Precaliente la freidora de aire a 4000F durante 5 minutos.

Coloque los trozos de pollo en la cesta de la freidora.

Cocinar durante 20 minutos a 4000F.

Sirve y disfruta.

La nutrición:

Calorías: 255

Grasa: 1g

Carbohidratos: 3g

Proteínas: 0g

# Pollo frito con coco crujiente

Tiempo de preparación: 5 minutos

Tiempo de cocción: 25 minutos

Sirve: 4

Ingredientes

Lomos de pollo de 1 libra

¼ de taza de aceite de oliva

¼ de taza de harina de coco

Sal y pimienta al gusto

½ cucharadita de comino molido

½ cucharadita de pimentón ahumado

½ cucharadita de ajo en polvo

½ cucharadita de cebolla en polvo

Direcciones

Precaliente la freidora de aire a 325oF durante 5 minutos.

Poner en remojo los solomillos de pollo en aceite de oliva.

Mezclar el resto de los ingredientes y remover con las manos para combinar todo.

Coloque los trozos de pollo en la cesta de la freidora.

Cocinar durante 25 minutos a 3250F.

Sirve y disfruta.


La nutrición:

Calorías: 353

Grasa: 1g

Carbohidratos: 3g

Proteínas: 0g

# Palillos de pollo fritos al aire

Tiempo de preparación: 5 minutos

Tiempo de cocción: 30 minutos

Porciones: 3

Ingredientes

6 muslos de pollo

½ taza de leche de coco

½ taza de harina de almendra

½ cucharadita de sal

½ cucharadita de pimentón

½ cucharadita de orégano

3 cucharadas de mantequilla derretida

Direcciones

Precaliente la freidora de aire a 2250F durante 5 minutos.

Remojar los muslos de pollo en leche de coco.

En un cuenco, mezcle la harina de almendras, la sal, el pimentón y el orégano.

Pasar el pollo por la mezcla de harina de almendras.

Coloque los trozos de pollo en la cesta de la freidora.

Freír al aire libre durante 30 minutos a 3250F.

A mitad del tiempo de cocción, sacuda la cesta de la freidora.

Rociar con mantequilla derretida una vez cocido.

Sirve y disfruta.

La nutrición:

Calorías: 461

Grasa: 1g

Carbohidratos: 3g

Proteínas: 0g

# Pollo al limón frito al aire libre

Tiempo de preparación: 5 minutos

Tiempo de cocción: 30 minutos

Porciones:  4

Ingredientes

4 pechugas de pollo deshuesadas

3 cucharadas de aceite de oliva

1 cucharada de pimentón español

2 cucharadas de zumo de limón, recién exprimido

1 cucharada de stevia en polvo

 2 cucharaditas de ajo picado

Sal y pimienta al gusto

Direcciones

Precaliente la freidora de aire a 3250F durante 5 minutos.

Coloque todos los ingredientes en una fuente de horno que quepa en la freidora de aire. Revuelva para combinar.

Coloque los trozos de pollo en la freidora de aire.

Cocinar durante 30 minutos a 3250F.

Sirve y disfruta.

La nutrición:

Calorías: 296

Grasa: 1g

Carbohidratos: 3g

Proteínas: 0g

# Pastel de Pollo Keto

Tiempo de preparación: 5 minutos

Tiempo de cocción: 30 minutos

Porciones:  6

Ingredientes

2 cucharadas de mantequilla

½ taza de brócoli picado

¼ de cebolla pequeña, picada

2 dientes de ajo picados

¾ de taza de leche de coco

1 taza de caldo de pollo

1 libra de pollo cocido, desmenuzado

Sal y pimienta al gusto

4 ½ cucharadas de mantequilla derretida

1/3 de taza de harina de coco

4 huevos grandes

Direcciones

Precaliente la freidora de aire a 3250F durante 5 minutos.

Coloque 2 cucharadas de mantequilla, el brócoli, la cebolla, el ajo, la leche de coco, el caldo de pollo y el pollo en una fuente de horno que quepa en la freidora de aire. Sazone con sal y pimienta al gusto.

En un tazón, mezcle la mantequilla, la harina de coco y los huevos.

Espolvorear uniformemente sobre la mezcla de pollo y brócoli.

Coloque el plato en la freidora de aire.

Cocinar durante 30 minutos a 3250F.

Sirve y disfruta.


La nutrición:

Calorías: 383

Grasa: 1g

Carbohidratos: 3g

Proteínas: 0g

# Pollo Crack

Tiempo de preparación: 10 minutos

Tiempo de cocción: 25 minutos

Porciones: 4

Ingredientes

4 pechugas de pollo

¼ de taza de aceite de oliva

1 bloque de queso crema

Sal y pimienta al gusto

8 rebanadas de tocino, fritas y desmenuzadas

Direcciones

Precaliente la freidora de aire a 3500F durante 5 minutos.

Coloque las pechugas de pollo en una fuente de horno que quepa en la freidora de aire.

Unte el aceite de oliva, el queso crema y el tocino desmenuzado sobre el pollo. Sazonar con sal y pimienta al gusto.

Coloque la fuente de horno con el pollo y cocine durante 25 minutos a 3500F.

Sirve y disfruta.

La nutrición:

Calorías: 623

Grasa: 20g

Carbohidratos: 6g

Proteínas: 8g

# Pollo Spicata

Tiempo de preparación: 5 minutos

Tiempo de cocción: 35 minutos

Porciones:  8

Ingredientes

2 libras de muslos de pollo

1 taza de harina de almendra

4 cucharadas de mantequilla

3 cucharadas de aceite de oliva

1 cebolla mediana, cortada en dados

½ taza de caldo de pollo

Zumo de 2 limones, recién exprimido

2 cucharadas de alcaparras

Sal y pimienta al gusto

1 huevo grande, batido

Direcciones

Precaliente la freidora de aire a 3250F durante 5 minutos.

Combine todos los ingredientes en una fuente de horno. Asegúrese de eliminar todos los grumos.

Coloque la fuente de horno en la cámara de la freidora.

Cocinar durante 35 minutos a 3250F.

Sirve y disfruta.

La nutrición:

Calorías: 441

Grasa: 54g

Carbohidratos: 4g

Proteínas: 30g

# Pollo al ajillo francés

Tiempo de preparación: 2 horas

Tiempo de cocción: 25 minutos

Porciones: 4

Ingredientes

2 cucharaditas de hierbas de Provenza

2 cucharadas de aceite de oliva

1 cucharada de mostaza de Dijon

1 cucharada de vinagre de sidra

Sal y pimienta al gusto

Muslos de pollo de 1 libra

Direcciones

Coloque todos los ingredientes en una bolsa Ziploc.

Dejar marinar en la nevera durante al menos 2 horas.

Precaliente la freidora de aire a 3500F durante 5 minutos.

Coloque el pollo en la cesta de la freidora.

Cocinar durante 25 minutos a 3500F.

Sirve y disfruta.

La nutrición:

Calorías: 175

Grasa: 1g

Carbohidratos: 3g

Proteínas: 0g

# Carne

## Jugosas chuletas de cerdo

Tiempo de preparación: 10 minutos

Tiempo de cocción: 16 minutos

Porciones: 4

Ingredientes:

4 chuletas de cerdo deshuesadas

2 cucharaditas de aceite de oliva

½ cucharadita de semillas de apio

½ cucharadita de perejil

½ cucharadita de cebolla granulada

½ cucharadita de ajo granulado

¼ de cucharadita de azúcar

½ cucharadita de sal

Direcciones:

En un bol pequeño, mezcle el aceite, las semillas de apio, el perejil, la cebolla granulada, el ajo granulado, el azúcar y la sal.

Frote la mezcla de condimentos por todas las chuletas de cerdo.

Coloque las chuletas de cerdo en la bandeja del horno de la freidora de aire y cocine a 350 F durante 8 minutos.

Gire las chuletas de cerdo hacia el otro lado y cocine durante 8 minutos más.

Servir y disfrutar.

La nutrición:

Calorías 279

Grasa 22,3 g

Carbohidratos 0,6 g

Azúcar 0,3 g

Proteína 18,1 g

Colesterol 69 mg

# Albóndigas crujientes

Tiempo de preparación: 10 minutos

Tiempo de cocción: 12 minutos

Porciones: 8

Ingredientes:

1 libra de carne de cerdo molida

1 libra de carne picada

1 cucharada de salsa Worcestershire

½ taza de queso feta desmenuzado

½ taza de pan rallado

2 huevos ligeramente batidos

¼ de taza de perejil fresco picado

1 cucharada de ajo picado

1 cebolla picada

¼ de cucharadita de pimienta

1 cucharadita de sal

Direcciones:

Añada todos los ingredientes en el bol de la batidora y mézclelos hasta que estén bien combinados.

Rocíe la bandeja de la freidora de aire con spray para cocinar.

Hacer bolitas con la mezcla de carne y disponerlas en una sartén y freírlas al aire a 400 F durante 10-12 minutos.

Servir y disfrutar.

La nutrición:
Calorías 263
Grasa 9 g
Carbohidratos 7,5 g
Azúcar 1,9 g
Proteínas 35,9 g
Colesterol 141 mg

# Sabroso bistec

Tiempo de preparación: 10 minutos

Tiempo de cocción: 18 minutos

Raciones: 2

Ingredientes:

2 filetes, enjuagados y secados con palmaditas

½ cucharadita de ajo en polvo

1 cucharadita de aceite de oliva

Pimienta

Sal

Direcciones:

Frote los filetes con aceite de oliva y sazone con ajo en polvo, pimienta y sal.

Precaliente el horno de la freidora instantánea Vortex a 400 F.

Coloque los filetes en la bandeja del horno de la freidora de aire y fríalos durante 10-18 minutos. Déle la vuelta a mitad de camino.

Servir y disfrutar.

La nutrición:
Calorías 361
Grasa 10,9 g
Carbohidratos 0,5 g
Azúcar 0,2 g
Proteína 61,6 g
Colesterol 153 mg

# Chuletas de cordero al limón y al ajo

Tiempo de preparación: 10 minutos

Tiempo de cocción: 6 minutos

Porciones: 6

Ingredientes:

6 chuletas de lomo de cordero

2 cucharadas de zumo de limón fresco

1 ½ cucharadas de ralladura de limón

1 cucharada de romero seco

1 cucharada de aceite de oliva

1 cucharada de ajo picado

Pimienta

Sal

Direcciones:

Poner las chuletas de cordero en un bol para mezclar.

Añadir el resto de los ingredientes sobre las chuletas de cordero y cubrirlas bien.

Coloque las chuletas de cordero en la bandeja de la freidora de aire y fríalas a 400 F durante 3 minutos.

Gire las chuletas de cordero hacia otro lado y fríalas al aire durante 3 minutos más.

Servir y disfrutar.

La nutrición:

Calorías 69

Grasa 6 g

Carbohidratos 1,2 g

Azúcar 0,2 g

Proteína 3 g

Colesterol 0 mg

# Solomillo de cerdo a la mostaza y miel

Tiempo de preparación: 10 minutos

Tiempo de cocción: 26 minutos

Porciones: 4

Ingredientes:

1 libra de lomo de cerdo

1 cucharadita de salsa sriracha

1 cucharada de ajo picado

2 cucharadas de salsa de soja

1 ½ cucharadas de miel

¾ de cucharada de mostaza de Dijon

1 cucharada de mostaza

Direcciones:

Añade la salsa sriracha, el ajo, la salsa de soja, la miel, la mostaza de Dijon y la mostaza en la bolsa grande con cierre y mezcla bien.

Añadir el lomo de cerdo en la bolsa. Selle la bolsa y colóquela en el frigorífico durante toda la noche.

Precaliente el horno de la freidora de aire instantánea a 380 F.

Rocíe la bandeja de la freidora de aire instantánea con spray de cocina y luego coloque el solomillo de cerdo marinado en la bandeja y fríalo durante 26 minutos. Da la vuelta al solomillo de cerdo cada 5 minutos.

Cortar y servir.

La nutrición:

Calorías 195

Grasa 4,1 g

Carbohidratos 8 g

Azúcar 6,7 g

Proteínas 30,5 g

Colesterol 83 mg

# Chuletas de cordero al romero fáciles de preparar

Tiempo de preparación: 10 minutos

Tiempo de cocción: 6 minutos

Porciones: 4

Ingredientes:

4 chuletas de cordero

2 cucharadas de romero seco

¼ de taza de zumo de limón fresco

Pimienta

Sal

Direcciones:

En un bol pequeño, mezcle el zumo de limón, el romero, la pimienta y la sal.

Unte las chuletas de cordero con la mezcla de zumo de limón y romero.

Coloque las chuletas de cordero en la bandeja de la freidora de aire y fríalas a 400 F durante 3 minutos.

Gire las chuletas de cordero hacia el otro lado y cocínelas durante 3 minutos más.

Servir y disfrutar.

La nutrición:
Calorías 267
Grasa 21,7 g
Carbohidratos 1,4 g
Azúcar 0,3 g
Proteínas 16,9 g
Colesterol 0 mg

# Costillas de cerdo a la barbacoa

Tiempo de preparación: 10 minutos

Tiempo de cocción: 12 minutos

Porciones: 6

Ingredientes:

1 trozo de costilla de cerdo cortada en trozos

½ taza de salsa BBQ

½ cucharadita de pimentón

Sal

Direcciones:

Poner las costillas de cerdo en un recipiente para mezclar.

Añada la salsa barbacoa, el pimentón y la sal sobre las costillas de cerdo, cúbralas bien y déjelas reposar durante 30 minutos.

Precaliente el horno de la freidora instantánea Vortex a 350 F.

Coloque las costillas de cerdo marinadas en la bandeja del horno de la freidora instantánea Vortex y cocínelas durante 10-12 minutos. Déle la vuelta a mitad de la cocción.

Servir y disfrutar.

La nutrición:
Calorías 145
Grasa 7 g
Carbohidratos 10 g
Azúcar 7 g
Proteína 9 g
Colesterol 30 mg

# Jugosos bocados de bistec

Tiempo de preparación: 10 minutos

Tiempo de cocción: 9 minutos

Porciones: 4

Ingredientes:

1 libra de solomillo, cortado en trozos del tamaño de un bocado

1 cucharada de condimento para filetes

1 cucharada de aceite de oliva

Pimienta

Sal

Direcciones:

Precaliente el horno de la freidora instantánea Vortex a 390 F.

Añada los trozos de carne en el bol grande para mezclar. Añade el condimento para bistec, el aceite, la pimienta y la sal sobre los trozos de bistec y remueve hasta que estén bien cubiertos.

Ponga los trozos de filete en la sartén de la freidora de aire instantánea Vortex y fríalos durante 5 minutos.

Gire los trozos de filete hacia el otro lado y cocine durante 4 minutos más.

Servir y disfrutar.

La nutrición:

Calorías 241

Grasa 10,6 g

Carbohidratos 0 g

Azúcar 0 g

Proteínas 34,4 g

Colesterol 101 mg

# Chuletas de cordero griegas

Tiempo de preparación: 10 minutos

Tiempo de cocción: 10 minutos

Porciones: 4

Ingredientes:

2 libras de chuletas de cordero

2 cucharaditas de ajo picado

1 ½ cucharadita de orégano seco

¼ de taza de zumo de limón fresco

¼ de taza de aceite de oliva

½ cucharadita de pimienta

1 cucharadita de sal

Direcciones:

Poner las chuletas de cordero en un bol. Añadir el resto de los ingredientes sobre las chuletas de cordero y cubrirlas bien.

Coloque las chuletas de cordero en la bandeja del horno de la freidora de aire y cocínelas a 400 F durante 5 minutos.

Dar la vuelta a las chuletas de cordero y cocinarlas 5 minutos más.

Servir y disfrutar.

La nutrición:

Calorías 538

Grasa 29,4 g

Carbohidratos 1,3 g

Azúcar 0,4 g

Proteínas 64 g

Colesterol 204 mg

# Asado de ternera fácil

Tiempo de preparación: 10 minutos

Tiempo de cocción: 45 minutos

Porciones: 6

Ingredientes:

2 ½ lbs. de carne asada

2 cucharadas de condimento italiano

Direcciones:

Colocar el asado en el asador a pesar.

Frote el asado con el condimento italiano e introdúzcalo en el horno de la freidora de aire instantánea.

Fría al aire a 350 F durante 45 minutos o hasta que la temperatura interna del asado llegue a 145 F.

Cortar y servir.

La nutrición:

Calorías 365 ,Grasa 13,2 g Hidratos de carbono 0,5 g

Azúcar 0,4 g, Proteínas 57,4 g, Colesterol 172 mg

# Bistec de costilla a la mantequilla de hierbas

Tiempo de preparación: 10 minutos

Tiempo de cocción: 14 minutos

Porciones: 4

Ingredientes:

2 libras de bistec de costilla, con hueso

1 cucharadita de romero fresco picado

1 cucharadita de tomillo fresco picado

1 cucharadita de cebollino fresco picado

2 cucharaditas de perejil fresco picado

1 cucharadita de ajo picado

¼ de taza de mantequilla ablandada

Pimienta

Sal

Direcciones:

En un tazón pequeño, mezcle la mantequilla y las hierbas.

Frote la mantequilla de hierbas en el bistec de costilla y colóquelo en el refrigerador durante 30 minutos.

Coloque el bistec marinado en la sartén de la freidora de aire instantánea Vortex y cocine a 400 F durante 12-14 minutos.

Servir y disfrutar.

La nutrición:

Calorías 416

Grasa 36,7 g

Carbohidratos 0,7 g

Azúcar 0 g

Proteínas 20,3 g

Colesterol 106 mg

# Chuletas de cerdo a la barbacoa

Tiempo de preparación: 10 minutos

Tiempo de cocción: 7 minutos

Porciones: 4

Ingredientes:

4 chuletas de cerdo

Para frotar:

½ cucharadita de pimienta de Jamaica

½ cucharadita de mostaza seca

1 cucharadita de comino molido

1 cucharadita de ajo en polvo

½ cucharadita de chile en polvo

½ cucharadita de pimentón

1 cucharada de azúcar moreno

1 cucharadita de sal

Direcciones:

En un tazón pequeño, mezcle todos los ingredientes del aliño y frótelo por todas las chuletas de cerdo.

Coloque las chuletas de cerdo en la bandeja de la freidora de aire y fríalas a 400 F durante 5.

Gire las chuletas de cerdo hacia el otro lado y fríalas al aire durante 2 minutos más.

Servir y disfrutar.

La nutrición:

Calorías 273

Grasa 20,2 g

Carbohidratos 3,4 g

Azúcar 2,4 g

Proteína 18,4 g

Colesterol 69 mg

# Chuletas de cerdo marinadas

Tiempo de preparación: 10 minutos

Tiempo de cocción: 30 minutos

Raciones: 2

Ingredientes:

2 chuletas de cerdo deshuesadas

1 cucharadita de ajo en polvo

½ taza de harina

1 taza de suero de leche

Pimienta

Sal

Direcciones:

Añada las chuletas de cerdo y el suero de leche en una bolsa con cierre. Sellar la bolsa y meterla en el frigorífico durante toda la noche.

En otra bolsa con cierre, añada la harina, el ajo en polvo, la pimienta y la sal.

Saque las chuletas de cerdo marinadas del suero de leche y añádalas a la mezcla de harina y agítelas hasta que estén bien cubiertas.

Precaliente el horno de la freidora de aire instantánea a 380 F.

Rocíe la bandeja de la freidora con spray de cocina.

Coloque las chuletas de cerdo en una bandeja y fríalas en el aire durante 28-30 minutos. Gire las chuletas de cerdo después de 18 minutos.

Servir y disfrutar.

La nutrición:
Calorías 424
Grasa 21,3 g
Carbohidratos 30,8 g
Azúcar 6,3 g
Proteínas 25,5 g
Colesterol 74 mg

# Salsa Chimichurri y Bistec de Falda

Tiempo de preparación: 30 minutos

Tiempo de cocción: 10 minutos

Porciones: 4

Ingredientes:

16 onzas de filete de falda

Salsa Chimichurri

1 taza de perejil picado

¼ de taza de menta picada

2 cucharadas de orégano picado

3 dientes de ajo picados

1 cucharadita de pimienta roja triturada

1 cucharada de comino molido

1 cucharadita de pimienta de cayena

2 cucharaditas de pimentón ahumado

1 cucharadita de sal

¼ de cucharadita de pimienta

¾ de taza de aceite de oliva

3 cucharadas de vinagre de vino tinto

Direcciones:

Coge un bol y mezcla todos los Ingredientes: listados en la sección de Chimichurri y mézclalos bien

Cortar el filete en 2 trozos de 8 onzas

Tome una bolsa con cierre y añada ¼ de taza de Chimichurri junto a los trozos de filete y agítelos para asegurarse de que el filete quede bien cubierto

Deje que se enfríe en la nevera durante 2-24 horas

Saque el filete de la nevera 30 minutos antes de cocinarlo

Precaliente su freidora a 390 grados Fahrenheit

Transfiera el filete a su freidora y cocínelo durante unos 8-10 minutos si busca un acabado medio raro

Adorne con 2 cucharadas de salsa Chimichurri y disfrute.

La nutrición:

Calorías: 244

Grasa: 18g

Carbohidratos: 7g

Proteínas: 13g

# Bolas de ternera y tomate

Tiempo de preparación: 10 minutos

Tiempo de cocción: 5 minutos

Porciones: 4

Ingredientes:

1 cebolla pequeña picada

¾ libras de carne molida

1 cucharada de perejil fresco picado

½ cucharada de hojas de tomillo fresco, picadas

1 huevo entero

3 cucharadas de harina de almendra

Sal y pimienta al gusto

Direcciones:

Picar la cebolla y mantenerla a un lado

Coger un bol y añadir los ingredientes de la lista:

mezclar bien (incluida la cebolla)

Hacer 12 bolas

Precaliente su Air Fryer a 390 grados F, transfiera las

bolas a la freidora

Cocinar durante 8 minutos (en tandas si es necesario) y transferir las bolas al horno

Añadir la salsa de tomate y ahogar las bolas

Transfiera el plato a su Air Fryer y cocine durante 5 minutos a 300 grados F

Remover y servir

Que lo disfrutes.

La nutrición:

Calorías: 257

Grasa: 18g

Carbohidratos: 6g

Proteínas: 15g

# Carne asada a las hierbas

Tiempo de preparación: 15 minutos

Tiempo de cocción: 12 minutos

Porciones: 4

Ingredientes:

2 cucharaditas de aceite de oliva

4 libras de carne asada

1 cucharadita de sal

¼ de cucharadita de pimienta negra fresca molida

1 cucharadita de tomillo seco

½ cucharadita de romero picado

3 libras de patatas rojas, cortadas por la mitad

Aceite de oliva, pimienta negra recién molida y sal al gusto

Direcciones:

Precaliente su Air Fryer a 360 grados F

Frote el aceite de oliva por toda la carne

Coge un bol y añade romero, tomillo, sal y pimienta

Mezclar bien

Sazone la carne con la mezcla y pásela a su freidora

Cocer durante 20 minutos

Añadir las patatas junto con un poco de pimienta y aceite

Dar la vuelta al asado y añadir las patatas a la cesta

Cocer durante 20 minutos

Asegúrese de rotar la mezcla de vez en cuando

Cocine hasta que haya alcanzado la temperatura deseada (130F para Rare, 140F para Medium y 160F para Well Done)

Una vez hecho, dejar que la carne se enfríe durante 10 minutos

Precaliente su Air Fryer a 400 grados Fahrenheit y siga cocinando las patatas durante 10 minutos

Sirve las patatas con la carne y disfruta.

La nutrición:

Calorías: 523

Grasa: 63g

Carbohidratos: 4g

Proteínas: 37g

# Conclusión:

Cuando se hace una dieta para perder peso o controlar una enfermedad, se está estrictamente obligado a seguir un plan de alimentación. Estos planes suelen imponer numerosas exigencias a las personas: es posible que haya que hervir los alimentos, que se prohíban otros, que sólo se puedan comer pequeñas porciones, etc.

Por otro lado, un estilo de vida como la dieta mediterránea está totalmente libre de estrés. Es fácil de seguir porque casi no hay restricciones. La dieta mediterránea no tiene límite de tiempo porque es más un estilo de vida que una dieta. No es necesario dejarla en algún momento, sino que hay que seguirla durante el resto de la vida. Los alimentos que se consumen según el modelo mediterráneo son los cereales no refinados, las carnes blancas y los productos lácteos ocasionales.

El estilo de vida mediterráneo, a diferencia de otras dietas, también requiere relacionarse con la familia y los amigos y compartir las comidas juntos. Se ha observado que las comunidades del Mediterráneo pasan entre una y dos horas disfrutando de sus comidas. Este tipo de unión entre los miembros de la familia o los amigos ayuda a acercar a las personas, lo que contribuye a fomentar vínculos más estrechos y, por tanto, menos casos de depresión, soledad o estrés, todos ellos precursores de enfermedades crónicas.

Conseguirá muchos beneficios utilizando la olla a presión Instant Pot. Estos son solo algunos casos que descubrirá en sus recetas de estilo mediterráneo:

La cocción a presión permite cocinar (por término medio) un 75% más rápido que hervir o rehogar en los fogones o que hornear y asar en un horno convencional.

Esto es especialmente útil para las comidas veganas que implican el uso de frijoles secos, legumbres y leguminosas. En lugar de remojar estos ingredientes durante horas antes de usarlos, puede verterlos directamente en la olla instantánea, añadir agua y cocinarlos a presión durante varios minutos. No obstante, siga siempre la receta con atención, ya que se ha comprobado su exactitud.

Los nutrientes se conservan. Puede utilizar sus técnicas de cocción a presión con la olla instantánea para asegurarse de que el calor se distribuye de manera uniforme y rápida. No es imprescindible sumergir los alimentos en el agua. Proporcionará mucha agua en la olla para una cocción eficiente. Además, conservará las vitaminas y minerales esenciales. Los alimentos no se oxidarán por la exposición al aire o al calor. Disfruta de esas verduras verdes y frescas con sus colores naturales y vibrantes.

Los elementos de cocción ayudan a mantener los alimentos totalmente sellados, por lo que el vapor y los aromas no perduran en toda la casa. Esto es una ventaja, especialmente en el caso de alimentos como la col, que desprende un olor característico.

Descubrirá que las alubias y los cereales integrales tendrán una textura más suave y tendrán un mejor sabor. La comida se cocinará de forma consistente ya que la olla instantánea proporciona una distribución uniforme del calor.

También ahorrarás mucho tiempo y dinero. Utilizará mucha menos agua y la olla está totalmente aislada, lo que la hace más eficiente energéticamente en comparación con hervir o cocinar al vapor sus alimentos en la estufa. También es menos costoso que usar un microondas, por no mencionar lo mucho más sabrosa que será la comida cuando se prepare en la olla Instant Pot.

Puede retrasar la cocción de sus alimentos para poder planificar con antelación. No tendrás que estar de pie mientras esperas tu comida. Puede reducir el tiempo de cocción reduciendo el tiempo de "mano". Sólo tienes que irte al trabajo o a un día de actividades, y volverás a casa con un manjar especial.

En pocas palabras, la Olla Instantánea es:

Fácil de usar Se proporcionan recetas saludables para toda la familia.

Puedes hacer auténticas recetas de una sola olla en tu Instant Pot.

Si te olvidas de encender tu olla de cocción lenta, puedes hacer cualquier comida en pocos minutos en tu Olla Instantánea.

Podrá cocinar de forma segura y sin problemas la carne que se encuentre congelada.

Es una forma relajada de cocinar. No tienes que vigilar una sartén en el fuego o una olla en el horno.

El procedimiento de cocción a presión desarrolla rápidamente deliciosos sabores.

CPSIA information can be obtained
at www.ICGtesting.com
Printed in the USA
LVHW082231070521
686800LV00012B/405